Worldw

Also Available

Sudoku Easy Presented by Will Shortz, Volume 1

Sudoku Easy to Hard Presented by Will Shortz, Volume 2

Sudoku Easy to Hard Presented by Will Shortz, Volume 3

For Sudoku Lovers: 300 Puzzles in Just One Book!

The Giant Book of Sudoku Presented by Will Shortz

Try These Convenient, Portable Volumes

Pocket Sudoku Presented by Will Shortz, Volume 1

Pocket Sudoku Presented by Will Shortz, Volume 2

The Ultimate
SUDOKU

CHALLENGE
100 WORDLESS CROSSWORD PUZZLES

EDITED BY
WILL SHORTZ

PUZZLES BY
PZZL.COM

ST. MARTIN'S GRIFFIN
NEW YORK

www.stmartins.com

ISBN 0-312-35815-6
EAN 978-0-312-35815-0

10   9   8   7   6   5   4

Introduction

Sudoku solvers, now numbering in the millions, have been clamoring for tougher challenges, and this book provides them.

As in previous volumes of this series, the puzzles here range from easy to hard, so every solver will have a puzzle for every mood. This book, however, has fewer easy puzzles and more hard ones than the other volumes, and within each category the puzzles lean toward the hard side.

A sudoku puzzle can be made more difficult in two ways: (1) by providing relatively few routes to the solution, either because of less redundancy in the figures provided or because of their strategic arrangement; or (2) by requiring more subtle logical techniques to finish the puzzle successfully.

Both types of difficulty are found here. Every puzzle in this book, by the way, can be solved using step-by-step logic, without guessing.

A heads-up: Puzzles 99 and 100 in this collection require the so-called X-Wing solving technique, which is not widely known, but is explained (three pages after this) in our "Note to Advanced Solvers."

All the sudoku puzzles in this book were created by Peter Ritmeester and the staff of PZZL.com using computer assistance. First, hundreds and hundreds of potential puzzles were generated by computer, then each was scrutinized by a person to find the most interesting number combinations and strategies needed for solving. The computer has verified that each answer is unique and has rated the puzzle precisely in terms of difficulty. So, when a puzzle heading says, "Beware! Very Challenging," you can be sure it is.

Good luck, and happy solving!

—Will Shortz

Directions

A sudoku puzzle consists of a 9 × 9–square grid subdivided into nine 3 × 3 boxes. Some of the squares contain digits. The object is to fill in the remaining squares so that every row, column, and 3 × 3 box contains each of the digits from 1 to 9 exactly once.

Tips on Solving Sudoku

1. Use pencil, not pen. In all but the easiest puzzles (and sometimes even in these), you need to be able to erase.

2. Work the 3 × 3 boxes first, then the rows and columns afterward. Usually you'll get more information—and get it faster—from the boxes.

3. When you work the rows and columns, start with the ones where you have the most digits. Having seven digits in a line is often enough to let you finish it. Six digits is sometimes sufficient at least to help. Five digits—or, rarely, just four—may be enough to allow progress. Any line with fewer than four digits is unlikely to be worth trying to build on.

4. When you've narrowed the possibilities for a square to two digits, lightly pencil them in, in small figures. If another square in that row, column, or box can also be narrowed down to the same two digits, you'll know that no other square in that respective row, column, or box can use either of the digits. Penciling in figures like this will help you see such combinations. It will also save you from having to re-solve a square again and again.

5. When you get any new information in a puzzle, follow the consequences of it as far as you can while it is still fresh in your mind.

6. Do not guess. No matter how difficult, every puzzle in this book can be solved using step-by-step logic.

A Note to Advanced Solvers

Two puzzles in this book, numbers 99 and 100, require a subtle solving technique called X-Wing, which you may not have encountered before. Here's how it works:

In the sudoku grid below (which is not a complete puzzle, but has been created for illustrative purposes only), a 3 needs to be placed in the leftmost and rightmost columns. In the leftmost column it can't go in the middle three rows, because a 3 already appears in that 3 × 3 box. And it can't go in the second or seventh rows, because 3's already appear in those. So it must go in either the third or ninth rows. We've marked these squares with small 3's in the corners.

In the rightmost column, the 3 can't go in the second, fifth, sixth, or seventh rows, because 3's already appear in them. So it must go in either the third or ninth row. We've marked these squares with small 3's as well.

Using X-Wing logic, if a 3 goes in the third row of the leftmost column, a 3 must also go in the ninth row of the rightmost column. Conversely, if a 3 goes in the third row of the rightmost column, it must also go in the ninth row of the leftmost column.

6		9						7
	1				3			
³		⁵ ³ 4				8		³
								5
		7	3					
	3							
				3				
1								4
³		2						³

You can't yet say which is which. However, you do now have some useful information for the third square in the third column. By studying its row, column, and box, you can quickly determine that the only digits left to go in this square are 3 and 5. Because the 3 in the row, though, is already accounted for (in either the first or last column) . . . voilà! the digit in this square must be the 5.

At some point in solving each of the last two puzzles in this book, you will need to use X-Wing logic to proceed. Good luck!

7	8	2	6	4	1	3	5	9
9	6	5	2	7	3	4	8	1
4	1	3	8	5	9	6	7	2
5	2	9	4	3	6	8	1	7
8	3	7	5	1	2	9	6	4
6	4	1	7	9	8	5	2	3
3	5	4	1	6	7	2	9	8
2	7	6	9	8	4	1	3	5
1	9	8	3	2	5	7	4	6

1	4	7	2	5	3	6	9	8
3	9	8	1	7	6	2	4	5
2	5	6	4	8	9	7	3	1
8	3	9	7	6	1	5	2	4
7	1	4	9	2	5	3	8	6
6	2	5	3	4	8	9	1	7
5	8	2	6	9	4	1	7	3
9	6	3	8	1	7	4	5	2
8	7	1	5	3	2	8	6	9

7	1	3	9	4	2	8	5	6
9	4	2	6	8	5	3	7	1
8	6	5	3	7	1	4	9	2
6	3	7	2	5	8	1	4	9
2	9	1	4	6	7	5	3	8
5	8	4	1	9	3	2	6	7
1	2	6	5	3	9	7	8	4
3	7	9	8	2	4	6	1	5
4	5	8	7	1	6	9	2	3

6	4	9	3	1	8	5	2	7
5	1	2	4	9	7	3	8	6
7	3	8	6	5	2	9	4	1
9	8	6	2	3	4	7	1	5
1	2	7	8	6	5	4	9	3
4	5	3	9	7	1	8	6	2
8	6	4	7	2	3	1	5	9
3	9	5	1	4	6	2	7	8
2	7	1	5	8	9	6	3	4

1	6	3	8	9	4	7	2	5
5	7	4	3	2	6	8	9	1
8	2	9	5	1	7	4	6	3
3	5	1	4	8	2	9	7	6
6	4	8	7	3	9	1	5	2
2	9	7	1	6	5	3	4	8
7	1	6	9	5	8	2	3	4
9	8	2	6	4	3	5	1	7
4	3	5	2	7	1	6	8	9

4	9	7	5	8	3	1	6	2
1	6	5	4	7	2	8	3	9
8	2	3	1	9	6	7	4	5
2	7	4	3	1	9	6	5	8
6	3	8	7	2	5	9	1	4
9	5	1	6	4	8	3	2	7
3	4	2	9	6	7	5	8	1
7	8	6	2	5	1	4	9	3
5	1	9	8	3	4	2	7	6

5	1	4	2	7	9	3	6	8
2	8	3	6	5	4	7	1	9
7	6	9	1	8	3	4	2	5
6	5	8	3	4	1	9	7	2
3	7	1	5	9	2	6	8	4
4	9	2	8	6	7	5	3	1
8	4	5	7	2	6	1	9	3
9	3	7	4	1	8	2	5	6
1	2	6	9	3	5	8	4	7

6	4	5	3	1	7	2	8	9
2	3	9	6	4	8	7	1	5
8	1	7	2	5	9	4	6	3
3	5	2	7	6	1	8	9	4
4	7	1	8	9	2	5	3	6
9	8	6	4	3	5	1	7	2
5	6	8	1	2	3	9	4	7
1	2	3	9	7	4	6	5	8
7	9	4	5	8	6	3	2	1

7	1	9	6	2	4	5	8	3
4	8	5	1	3	7	2	6	9
2	6	3	5	8	9	4	7	1
8	3	1	4	7	2	9	5	6
6	4	7	9	1	5	3	2	8
5	9	2	3	6	8	7	1	4
3	2	6	7	9	1	8	4	5
1	7	4	8	5	3	6	9	2
9	5	8	2	4	6	1	3	7

9	1	8	5	2	6	4	3	7
5	4	7	3	9	1	6	2	8
3	2	6	7	4	8	9	5	1
2	9	3	6	7	4	8	1	5
6	7	1	8	5	3	2	9	4
4	8	5	2	1	9	3	7	6
8	6	2	1	3	5	7	4	9
7	5	9	4	6	2	1	8	3
1	3	4	9	8	7	5	6	2

9	1	7	8	2	3	5	4	6
8	5	2	6	1	4	7	9	3
4	3	6	7	5	9	8	1	2
6	8	5	2	4	1	9	3	7
2	4	9	3	7	8	6	5	1
1	7	3	5	9	6	2	8	4
5	9	4	1	6	7	3	2	8
7	2	8	4	3	5	1	6	9
3	6	1	9	8	2	4	7	5

7	1	5	2	3	4	8	9	6
2	6	3	5	8	9	1	7	4
9	4	8	7	1	6	5	3	2
1	8	9	6	5	7	2	4	3
5	3	6	9	2	4	7	1	8
4	7	2	8	3	1	9	6	5
6	5	1	3	7	8	4	2	9
8	9	4	1	6	2	3	5	7
3	2	7	4	9	5	6	8	1

LOSE

5	8	7	1	6	4	3	2	9
9	2	6	5	7	3	1	8	4
3	4	1	9	8	2	7	6	5
2	9	3	6	1	5	8	4	7
6	7	8	3	4	9	5	1	2
4	1	5	7	2	8	9	3	6
8	5	9	4	3	6	2	7	1
1	3	4	2	5	7	6	9	8
7	6	2	8	9	1	4	5	3

14

Light and Easy

7	3	5	8	9	4	1	2	6
1	9	6	2	3	7	5	8	4
8	4	2	5	1	6	7	9	3
4	5	1	3	7	9	2	6	8
6	2	9	4	5	8	3	1	7
3	7	8	6	2	1	4	5	9
9	1	3	7	8	5	6	4	2
2	8	4	1	6	3	9	7	5
5	6	7	9	4	2	8	3	1

Light and Easy 15

3	8	9	2	7	6	1	5	4
4	2	1	5	9	3	6	7	8
5	7	6	4	8	1	2	3	9
2	9	7	6	1	5	4	8	3
1	6	4	9	3	8	7	2	5
8	5	3	7	2	4	9	6	1
6	1	2	8	5	9	3	4	7
7	3	5	1	4	2	8	9	6
9	4	8	3	6	7	5	1	2

16 Moderate

7	6	3	9	2	4	1	5	8
4	2	5	8	7	1	6	3	9
9	1	8	3	9	5	2	7	4
1	3	4	7	8	6	5	9	2
6	8	9	4	5	2	3	1	7
2	5	7	1	3	9	8	4	6
5	9	6	2	4	3	7	8	1
8	4	2	5	1	7	9	6	3
3	7	1	6	9	8	4	2	5

9	1	5	3	7	6	2	8	4
3	4	8	9	1	2	7	5	6
2	7	6	8	5	4	3	1	9
8	9	3	2	6	1	4	7	5
5	2	1	7	4	8	9	6	3
7	6	4	5	3	9	8	2	1
6	3	7	4	8	5	1	9	2
4	5	9	1	2	7	6	3	8
1	8	2	6	9	3	5	4	7

5	3	6	2	4	7	8	1	9
9	7	1	5	3	8	4	6	2
8	4	2	1	9	6	7	3	5
7	5	3	8	2	9	1	4	6
6	1	9	4	7	5	3	2	8
2	8	4	3	6	1	5	9	7
3	9	7	6	5	4	2	8	1
4	6	8	7	1	2	9	5	3
1	2	5	9	8	3	6	7	4

8	7	9	1	3	6	4	2	5
2	4	6	8	9	5	1	7	3
1	5	3	4	2	7	6	9	8
5	6	8	3	7	2	9	1	4
9	1	2	5	6	4	8	3	7
4	3	7	9	8	1	2	5	6
3	8	5	6	1	9	7	4	2
7	9	4	2	5	8	3	6	1
6	2	1	7	4	3	5	8	9

4	5	9	1	3	8	2	7	6
7	8	6	4	9	2	3	5	18
2	18	3	7	5	6	4	89	189
8	2	1	3	4	9	7	6	5
6	3	7	2	8	5	9	1	4
5	9	4	6	17	17	8	2	3
3	6	8	9	127		5	4	
1	7	2	5	3	4	6		
9	4	5	8	6		1	3	

2	4	8	7	3	5	9	6	1
1	7	3	9	6	8	4	2	5
5	9	6	2	1	4	7	8	3
4	3	9	1	5	2	6	7	8
8	5	1	6	4	7	3	9	2
6	2	7	8	9	3	5	1	4
3	1	2	4	7	6	8	5	9
7	8	5	3	2	9	1	4	6
9	6	4	5	8	1	2	3	7

4	3	2	5	6	9	8	1	7
5	8	9	1	7	4	2	3	6
6	7	1	3	2	8	9	5	4
9	2	5	7	4	6	3	8	1
3	4	8	9	5	1	6	7	2
1	6	7	2	8	3	5	4	9
7	5	4	8	9	2	1	6	3
2	1	6	4	3	5	7	9	8
8	9	3	6	1	7	4	2	5

9	4	6	3	8	7	5	2	1
1	7	5	2	6	9	8	3	4
2	3	8	1	4	5	9	6	7
7	8	4	9	2	6	3	1	5
5	1	9	7	3	4	2	8	6
3	6	2	5	1	8	4	7	9
8	9	7	6	5	3	1	4	2
6	2	3	4	9	1	7	5	8
4	5	1	8	7	2	6	9	3

9	8	2	1	3	4	7	6	5
1	4	6	7	2	5	3	9	8
7	5	3	6	8	9	4	1	2
5	6	4	2	9	1	8	7	3
3	1	8	5	6	7	2	4	9
2	7	9	3	4	8	6	5	1
8	9	1	4	7	3	5	2	6
6	3	7	9	5	2	1	8	4
4	2	5	8	1	6	9	3	7

4	6	1	5	7	9	3	8	2
3	8	9	4	2	6	5	1	7
2	5	7	1	8	3	6	9	4
5	9	3	7	6	2	1	4	8
7	1	2	8	3	4	9	5	6
6	4	8	9	1	5	7	2	3
8	7	4	3	9	1	2	6	5
9	2	5	6	4	7	8	3	1
1	3	6	2	5	8	4	7	9

26 Moderate

9	6	1	7	8	5	3	4	2
5	8	4	3	9	2	7	1	6
3	2	7	4	1	6	9	5	8
1	4	8	6	5	7	2	3	9
6	9	5	2	3	1	8	7	4
2	7	3	8	4	9	1	6	5
8	5	2	1	7	4	6	9	3
4	1	6	9	2	3	5	8	7
7	3	9	5	6	8	4	2	1

	1				9			
							8	7
		4	3				6	9
		6			7	8		
		5		4	3	9		
		1				5		
					8		1	
1				9		6	4	8
8		2			6		9	

28 Moderate

	5							
6	4		2				3	
				6				
				4			7	
7	3	1	9				4	
				8	6	5		
								9
4				7				
		8	3		9	1		

3			5					
4						8	1	
	9			4				
				9	3	4		
		2				1		
	3			6			5	
			8	5			4	3
		6	7					
	7					5		

30　Moderate

								5
				2		7	8	
3		6	4					
6					7			4
		9	3					2
5					4			8
					5	3		1
	2				1		9	7

		5				4		
7			6			9		
4		3		2		1		
		1	2	4				
					6			
					7		9	8
9							5	
8			7				6	
	5				1			

32   Moderate

	4					5		
	9							
				6	8		1	
9		7			1			
	6		4					
		5			9	8		
		2		3			7	4
		9					5	6
1						3		

		4		7		3		
								6
6							1	9
1		9	2					
				6			8	3
				3				
4	7						6	5
8			1					
				2		7	9	

34 Moderate

	2		7					
5			2		4			
				9	3			2
6	3				1			9
7								8
	9						2	
						4		6
1				3		5		
	7			1				

1								
			3	7	5	2		
	6		4					
		7	9		6			
5	3					7		
				4				
8	4	5						7
			2	1			6	5
								4

36 Moderate

	4		8	3				
			1					6
		3	9		2			1
1						6		
7							2	
	8	2			4			
			2			1	4	
					8	9		7
	7							

	3						5	
			2		5	1		
		4			7	6		
			1	4			2	
		6					8	
			7					
	5				3			6
8						9	4	
6		7			8			

38   Moderate

	1				9	7		
	2	5			6			
				2			8	
4						8		6
9							2	
8			3		7			
	9						4	
		7	9	1				
	6				5			

7								9
5			3		7	4		
					8			
	3		6					
				9	1			6
						5	4	
		9			6			
							3	
8		5			4		2	1

40 Moderate

6	3			1				
	7	8						
					4	1	7	
	6				7			9
					3			2
			9	5				1
				4	9		3	
				2				6
	8							

	5	6			2		4	3
	9			7	3	8		
8		5						
			3		4			5
				2		9		7
				3	1	6		8
					7		5	
	2						1	

42 Demanding

			9	3				4
					2		5	6
							3	
	7		2			9		
		4		6				
	9			4	1		8	
		7			3	1		
			5					
2	8	1						

		3	7	1				
						1		4
		7	9			8		
	5							
	6			4	9	5	3	
		2				9		
		9						8
		4		5	6			
2							5	

44 Demanding

4	1			5	6		2	
					4	1		
		8		3				5
			2				5	
		9					8	
3		1			9			
				1		4		
							7	
8	5		3	4				

6		5	3	7				
	9							5
			6				7	9
				5		1	2	
	8				6			
		4			8			
3	4							
			5		7		9	1
			9	8				3

46 Demanding

1					8	7		5
					5	4		3
		3			4			
4	1		2				5	
								2
	9			3	7			
					2	5		
		2			1		6	8
		9	4					

		5			9			2
	1	7		8			6	
			7					
		8			3			
2					1	3		
				6				
4				2		1		3
	8			4				
				1			5	9

48 Demanding

		1		9			3	
8			5			6		
	6	7			3			
								3
6		2			8			
						4	1	
2			9					1
		5	6	2				
			1			9		5

3					5	1	2	4
8	9			1				
			2					
7				8		9	5	
	4			6	3	8		
				5			1	
5				7			8	
						5		
		3						7

50 Demanding

		5	9				7	
							8	
					3			9
		7		4				
		1			6			
6	2	3						5
3		2				4		7
		4			8		9	
				1		6		

	2	6					3	
			1	4	9		2	
	1							
6					7			
	3	9		1		6	8	
		3		8			4	
	6					5		
			3	2				1

52 Demanding

2				9				
				6				1
					5	7		6
9	1					2		4
					6			
								9
		8			7	9		
5		9				1		8
3			5				6	7

		1			9	8	6	
	4	9	3					
					6			
	6	3		7				
			1			5		
						9	2	
2		5			4			
							1	2
	3							8

54 Demanding

				1				
				5	2		3	4
				4		5	2	7
2			9			6	8	
6	9	4						
	1	3		8			9	
				9	3			
		8					1	5

1		7				9		5
				8				
	6		2				8	
	5			2				9
7		4			9			
3		9				6	4	
			7		3			4
		8	5				1	
								6

56 Demanding

8			7	4	1	3		
		2						
			3	9				
					9		5	
						4		9
				5		7		6
	3				8	1	4	
5		8						
2			1	7			8	

		7					9	
4				1		8		
			8			3		
			9		3		5	6
2								
		3	5		4		7	
9			2			1		
8			7					
					5			

58 Demanding

				6			9	
				1				
3						7	4	
7	2							6
1			7	9		2		
				3				
		7	4		9			8
	8	6						
							3	4

						9		
4		1				6		
							5	
				7		3		2
5		8			1			
6	7			8				
2	5							3
	8			6	7			
				1		2		

60 Demanding

9								3
			4	1		7		
	3			7				
		6		4				5
		5	7					9
				2	1		4	
8							3	6
4	2			3				
				8	4			

1				5	6			
	6		8				4	
		5						7
	7							4
				2	9			
			5	6				
	8			1		3	5	
4				3		2	9	

62 Demanding

				3		4		
		1		5		9	2	
	8				1		5	
				2				9
								1
	6	9						
6	3			8				
	7						3	
	5			4	6			

	7	6					3	
8	2							6
					1			
			1	8				9
		9		6	3	8	1	
	3						7	
			8	4			9	
				2	6			8

		4				9	8	1
	2		4					7
	5				6			
			7				4	
3								2
					2		9	
		6		9	4	1		
		5	1	8		2		
		8			7			9

		6			4			
	8		3					1
		5		1		3		
			4		7	5		6
5	9				3			
		2						
		7					5	2
	4		5				6	
			1					4

66 Demanding

4	7					5		
	6				7			
		9						8
				1		2	6	
		8	9		4			
7	5							
		2		3			1	
				6			8	3
			7					

	9					3		
				8	4	6	5	
7				2		5		9
		8				7		6
		2	3			8		
1	6		4					
8			5					
								2

				4				2
				7				
			9	3	8		1	
	8					3	6	
	5				3	4	8	
	6		7					
		5						
	9	2	1					
1						8	7	

		9						
7		5	4					
		1	3			6	5	
							1	9
	6			5		3		
						4		8
8					4			
5				3	1		9	
					8		3	

Demanding

6				9		8		
	9						1	
3			6	5				
		4					5	
							6	9
	8	2	4					
4		6		1				
			3			7		
1					2			5

			5					2
8		3	2				5	
		1			9			7
	7					1		
		8						
			4		5		8	
			3	4	2			
						9	4	
7				8		5		

		5		8				
	7			4		3	5	2
	3			1				
					9	4		
	2	3	7					1
	5			8	6	2		
	8	6					7	
								5
		4		1				

				8	9	6	5	2
			6					
					7			1
9			5	1			3	
		8						
6						2		4
			4					
	3	4			8			6
5	9							7

Beware! Very Challenging

3		8						2
			6	7	4	5		
			7			8		
9							6	
5					2	3		
								1
	4				5			3
1				2	3		4	

8						2		
		7		9		3	8	
6			1					
2		1		6				
	3						4	5
4							2	
		8				7		
				2	6			
3	5		4					

Beware! Very Challenging

		8		3	2	1		
		4					3	8
	6				4	9		
		3						
8			1					6
				6	5			2
2	7						8	1
					8			9

8		5						
1	7						9	
6			2	1				
				4				
3							8	
		6	3			1		
	2		1		9			7
								8
7			6	8		5	3	

Beware! Very Challenging

	3				1		2	
			2				4	
1			3					5
3	8				7	6		
9				1			8	
8						2		6
	9							
	2		9		3	8	5	7

2					5			3
		7				6		
				8		9		
	3	9		1		5		
7		6						9
	8				2	7		
	6					2		
			5					
3			2		7			8

Beware! Very Challenging

	6							
			3				6	
3				9			4	1
9		8	5					7
			4	2		5		
				7				
5			7	4				
	3	1						
6					8	4	2	

6	2				7			
			9	4		1		
								7
		2		1	3	7	4	
		9	7		8		2	
		6		5			9	
3					1	6		
					8			

			5					
	7	9					6	
				6	7	8		
1				8		7		
	6	5	3	4				
	4							
9							3	
2				3	5			1
			4	7				

	6							
		1	5	6	3			2
				4				9
		9						
				2	8			
2	8		4		1			5
4			6				7	
8	9	5					3	4

	1		5					6
			4	7				8
		5						
8	6						9	
1							4	
		2	3					
4			6	5	3		1	
2		7		9			6	
				4	2			

		2			5		6	
	1	9	2			4		
			9				2	
								3
	9	5				1		
2				6			7	
3	6			4				5
				1				
	8							

Beware! Very Challenging

							4	
		9					1	
1			5	2		3		
	6							
8			4			5		
	7		3			8	9	
				3				
	4		1	5				
	2		9			7		4

		5				4		
2	8						7	3
	6							
				1	7	8	6	
		3	2					
4			9					2
			4	8		9		
						2		
7		2					3	

			2				9	5
			5	1		2		
		6				8	7	
	1	9						
5				4	8		6	
			7			6		
	8						5	4
		4					3	7

7		9			3	4		2
			6				1	
		6					8	
4								6
9	5	7		1				
						1	2	
			5	7				
		5		4		3		
	4							

Beware! Very Challenging

					9			
	2					8		
		6				2		5
3			6					
	8				7	1		
2	1	7			3			6
			5	4			7	8
		5			2			
					8		9	

		9						
2	8	5						9
	1	6				7		
		1			6			
				3				
				4	1		2	5
						6		8
		7		5			9	
3			9	1				2

					3			
		7		8			4	
		8		5			2	
				1				8
6	7				4		9	
						3	6	2
	9		6		5			
	2	4						1
							5	

	1				8			
7	2						9	
						4		
	8	6	1				5	
			2			9		
			3		7		6	
3	6				1			7
	5	4	7			6		2

94   Beware! Very Challenging

	6	7				3		
		1						
					5	4	2	
					2	7	5	1
			9					
						6		
		9	3		7			
	7	6					8	
	3	5	4	6		1		

6	3	1	9		2			
	4		5			8		
7			6			9		
		4						6
				4				3
	1		4		3		5	
		8					2	
		6	7					

Beware! Very Challenging

						3		5
6	7	9						
		8					4	
	2	4				1		
				9	3			
			1	6			5	
	5	3			6			
4						5		
			9		7			2

								2
	7				3	6	9	
3	4				2	1		
			8		9	3	6	
	3				4		2	8
4			1	7				
		6						1
9								

Beware! Very Challenging

			6		8		1	
						7		
7			5					
			7			3	8	
6					3	1		5
	7	2				6		
			3			8		
		9						
4		6		2				3

	9							5
		7	8	3				
		8			6			3
			5	6	7		1	
			1					
9	5					3		
	4						9	2
					8	6		
			9	1				

100   The Ultimate Challenge!

	3		8 *12*	*45* *136*		4		5
			45	*136*		7		
		7	*45*	*36*		*236*	1	
			7	9	*13*	5	*26*	*26*
137	*037*	6	2	5	*13*	8	*49*	*49*
2	*59*	*59*	6	4	8	1	7	3
			9	2	4	*36*		7
678	4	*28*	3	*78*	5	9	*268*	1
			1	*78*	6	*23*		

Answers

1

7	8	2	6	4	1	3	5	9
9	6	5	2	7	3	4	8	1
4	1	3	8	5	9	6	7	2
5	2	9	4	3	6	8	1	7
8	3	7	5	1	2	9	6	4
6	4	1	7	9	8	5	2	3
3	5	4	1	6	7	2	9	8
2	7	6	9	8	4	1	3	5
1	9	8	3	2	5	7	4	6

2

1	4	7	2	5	3	6	9	8
3	9	8	1	7	6	2	4	5
2	5	6	4	8	9	7	3	1
8	3	9	7	6	1	5	2	4
7	1	4	9	2	5	3	8	6
6	2	5	3	4	8	9	1	7
5	8	2	6	9	4	1	7	3
9	6	3	8	1	7	4	5	2
4	7	1	5	3	2	8	6	9

3

7	1	3	9	4	2	8	5	6
9	4	2	6	8	5	3	7	1
8	6	5	3	7	1	4	9	2
6	3	7	2	5	8	1	4	9
2	9	1	4	6	7	5	3	8
5	8	4	1	9	3	2	6	7
1	2	6	5	3	9	7	8	4
3	7	9	8	2	4	6	1	5
4	5	8	7	1	6	9	2	3

4

6	4	9	3	1	8	5	2	7
5	1	2	4	9	7	3	8	6
7	3	8	6	5	2	9	4	1
9	8	6	2	3	4	7	1	5
1	2	7	8	6	5	4	9	3
4	5	3	9	7	1	8	6	2
8	6	4	7	2	3	1	5	9
3	9	5	1	4	6	2	7	8
2	7	1	5	8	9	6	3	4

5

1	6	3	8	9	4	7	2	5
5	7	4	3	2	6	8	9	1
8	2	9	5	1	7	4	6	3
3	5	1	4	8	2	9	7	6
6	4	8	7	3	9	1	5	2
2	9	7	1	6	5	3	4	8
7	1	6	9	5	8	2	3	4
9	8	2	6	4	3	5	1	7
4	3	5	2	7	1	6	8	9

6

4	9	7	5	8	3	1	6	2
1	6	5	4	7	2	8	3	9
8	2	3	1	9	6	7	4	5
2	7	4	3	1	9	6	5	8
6	3	8	7	2	5	9	1	4
9	5	1	6	4	8	3	2	7
3	4	2	9	6	7	5	8	1
7	8	6	2	5	1	4	9	3
5	1	9	8	3	4	2	7	6

7

5	1	4	2	7	9	3	6	8
2	8	3	6	5	4	7	1	9
7	6	9	1	8	3	4	2	5
6	5	8	3	4	1	9	7	2
3	7	1	5	9	2	6	8	4
4	9	2	8	6	7	5	3	1
8	4	5	7	2	6	1	9	3
9	3	7	4	1	8	2	5	6
1	2	6	9	3	5	8	4	7

8

6	4	5	3	1	7	2	8	9
2	3	9	6	4	8	7	1	5
8	1	7	2	5	9	4	6	3
3	5	2	7	6	1	8	9	4
4	7	1	8	9	2	5	3	6
9	8	6	4	3	5	1	7	2
5	6	8	1	2	3	9	4	7
1	2	3	9	7	4	6	5	8
7	9	4	5	8	6	3	2	1

9

7	1	9	6	2	4	5	8	3
4	8	5	1	3	7	2	6	9
2	6	3	5	8	9	4	7	1
8	3	1	4	7	2	9	5	6
6	4	7	9	1	5	3	2	8
5	9	2	3	6	8	7	1	4
3	2	6	7	9	1	8	4	5
1	7	4	8	5	3	6	9	2
9	5	8	2	4	6	1	3	7

10

9	1	8	5	2	6	4	3	7
5	4	7	3	9	1	6	2	8
3	2	6	7	4	8	9	5	1
2	9	3	6	7	4	8	1	5
6	7	1	8	5	3	2	9	4
4	8	5	2	1	9	3	7	6
8	6	2	1	3	5	7	4	9
7	5	9	4	6	2	1	8	3
1	3	4	9	8	7	5	6	2

11

9	1	7	8	2	3	5	4	6
8	5	2	6	1	4	7	9	3
4	3	6	7	5	9	8	1	2
6	8	5	2	4	1	9	3	7
2	4	9	3	7	8	6	5	1
1	7	3	5	9	6	2	8	4
5	9	4	1	6	7	3	2	8
7	2	8	4	3	5	1	6	9
3	6	1	9	8	2	4	7	5

12

7	1	5	2	4	3	8	9	6
2	6	3	5	8	9	1	7	4
9	4	8	7	1	6	5	3	2
1	8	9	6	5	7	2	4	3
5	3	6	9	2	4	7	1	8
4	7	2	8	3	1	9	6	5
6	5	1	3	7	8	4	2	9
8	9	4	1	6	2	3	5	7
3	2	7	4	9	5	6	8	1

13

5	8	7	1	6	4	3	2	9
9	2	6	5	7	3	1	8	4
3	4	1	9	8	2	7	6	5
2	9	3	6	1	5	8	4	7
6	7	8	3	4	9	5	1	2
4	1	5	7	2	8	9	3	6
8	5	9	4	3	6	2	7	1
1	3	4	2	5	7	6	9	8
7	6	2	8	9	1	4	5	3

14

7	3	5	8	9	4	1	2	6
1	9	6	2	3	7	5	8	4
8	4	2	5	1	6	7	9	3
4	5	1	3	7	9	2	6	8
6	2	9	4	5	8	3	1	7
3	7	8	6	2	1	4	5	9
9	1	3	7	8	5	6	4	2
2	8	4	1	6	3	9	7	5
5	6	7	9	4	2	8	3	1

15

3	8	9	2	7	6	1	5	4
4	2	1	5	9	3	6	7	8
5	7	6	4	8	1	2	3	9
2	9	7	6	1	5	4	8	3
1	6	4	9	3	8	7	2	5
8	5	3	7	2	4	9	6	1
6	1	2	8	5	9	3	4	7
7	3	5	1	4	2	8	9	6
9	4	8	3	6	7	5	1	2

16

7	6	3	9	2	4	1	5	8
4	2	5	8	7	1	6	3	9
9	1	8	3	6	5	2	7	4
1	3	4	7	8	6	5	9	2
6	8	9	4	5	2	3	1	7
2	5	7	1	3	9	8	4	6
5	9	6	2	4	3	7	8	1
8	4	2	5	1	7	9	6	3
3	7	1	6	9	8	4	2	5

17

9	1	5	3	7	6	2	8	4
3	4	8	9	1	2	7	5	6
2	7	6	8	5	4	3	1	9
8	9	3	2	6	1	4	7	5
5	2	1	7	4	8	9	6	3
7	6	4	5	3	9	8	2	1
6	3	7	4	8	5	1	9	2
4	5	9	1	2	7	6	3	8
1	8	2	6	9	3	5	4	7

18

5	3	6	2	4	7	8	1	9
9	7	1	5	3	8	4	6	2
8	4	2	1	9	6	7	3	5
7	5	3	8	2	9	1	4	6
6	1	9	4	7	5	3	2	8
2	8	4	3	6	1	5	9	7
3	9	7	6	5	4	2	8	1
4	6	8	7	1	2	9	5	3
1	2	5	9	8	3	6	7	4

19

8	7	9	1	3	6	4	2	5
2	4	6	8	9	5	1	7	3
1	5	3	4	2	7	6	9	8
5	6	8	3	7	2	9	1	4
9	1	2	5	6	4	8	3	7
4	3	7	9	8	1	2	5	6
3	8	5	6	1	9	7	4	2
7	9	4	2	5	8	3	6	1
6	2	1	7	4	3	5	8	9

20

4	5	9	1	7	3	2	8	6
7	8	6	4	9	2	3	5	1
2	1	3	8	5	6	4	7	9
8	2	1	3	4	9	7	6	5
6	3	7	2	8	5	9	1	4
5	9	4	6	1	7	8	2	3
3	6	8	9	2	1	5	4	7
1	7	2	5	3	4	6	9	8
9	4	5	7	6	8	1	3	2

21

2	4	8	7	3	5	9	6	1
1	7	3	9	6	8	4	2	5
5	9	6	2	1	4	7	8	3
4	3	9	1	5	2	6	7	8
8	5	1	6	4	7	3	9	2
6	2	7	8	9	3	5	1	4
3	1	2	4	7	6	8	5	9
7	8	5	3	2	9	1	4	6
9	6	4	5	8	1	2	3	7

22

4	3	2	5	6	9	8	1	7
5	8	9	1	7	4	2	3	6
6	7	1	3	2	8	9	5	4
9	2	5	7	4	6	3	8	1
3	4	8	9	5	1	6	7	2
1	6	7	2	8	3	5	4	9
7	5	4	8	9	2	1	6	3
2	1	6	4	3	5	7	9	8
8	9	3	6	1	7	4	2	5

23

9	4	6	3	8	7	5	2	1
1	7	5	2	6	9	8	3	4
2	3	8	1	4	5	9	6	7
7	8	4	9	2	6	3	1	5
5	1	9	7	3	4	2	8	6
3	6	2	5	1	8	4	7	9
8	9	7	6	5	3	1	4	2
6	2	3	4	9	1	7	5	8
4	5	1	8	7	2	6	9	3

24

9	8	2	1	3	4	7	6	5
1	4	6	7	2	5	3	9	8
7	5	3	6	8	9	4	1	2
5	6	4	2	9	1	8	7	3
3	1	8	5	6	7	2	4	9
2	7	9	3	4	8	6	5	1
8	9	1	4	7	3	5	2	6
6	3	7	9	5	2	1	8	4
4	2	5	8	1	6	9	3	7

25

4	6	1	5	7	9	3	8	2
3	8	9	4	2	6	5	1	7
2	5	7	1	8	3	6	9	4
5	9	3	7	6	2	1	4	8
7	1	2	8	3	4	9	5	6
6	4	8	9	1	5	7	2	3
8	7	4	3	9	1	2	6	5
9	2	5	6	4	7	8	3	1
1	3	6	2	5	8	4	7	9

26

9	6	1	7	8	5	3	4	2
5	8	4	3	9	2	7	1	6
3	2	7	4	1	6	9	5	8
1	4	8	6	5	7	2	3	9
6	9	5	2	3	1	8	7	4
2	7	3	8	4	9	1	6	5
8	5	2	1	7	4	6	9	3
4	1	6	9	2	3	5	8	7
7	3	9	5	6	8	4	2	1

27

2	1	8	6	7	9	4	5	3
9	6	3	5	2	4	1	8	7
5	7	4	3	8	1	2	6	9
4	2	6	9	5	7	8	3	1
7	8	5	1	4	3	9	2	6
3	9	1	8	6	2	5	7	4
6	5	9	4	3	8	7	1	2
1	3	7	2	9	5	6	4	8
8	4	2	7	1	6	3	9	5

28

1	5	2	8	3	7	4	9	6
6	4	7	2	9	5	8	3	1
9	8	3	4	6	1	2	5	7
8	6	5	1	4	3	9	7	2
7	3	1	9	5	2	6	4	8
2	9	4	7	8	6	5	1	3
3	2	6	5	1	4	7	8	9
4	1	9	6	7	8	3	2	5
5	7	8	3	2	9	1	6	4

29

3	2	7	5	8	1	6	9	4
4	6	5	3	2	9	8	1	7
1	9	8	6	4	7	3	2	5
6	5	1	2	9	3	4	7	8
9	8	2	4	7	5	1	3	6
7	3	4	1	6	8	2	5	9
2	1	9	8	5	6	7	4	3
5	4	6	7	3	2	9	8	1
8	7	3	9	1	4	5	6	2

30

2	9	8	1	7	3	4	6	5
1	5	4	6	2	9	7	8	3
3	7	6	4	5	8	2	1	9
6	8	2	5	1	7	9	3	4
7	4	9	3	8	6	1	5	2
5	3	1	2	9	4	6	7	8
9	1	5	7	3	2	8	4	6
8	6	7	9	4	5	3	2	1
4	2	3	8	6	1	5	9	7

31

1	9	5	8	7	3	4	2	6
7	2	8	6	1	4	9	3	5
4	6	3	9	2	5	1	8	7
5	8	1	2	4	9	6	7	3
3	7	9	5	8	6	2	1	4
2	4	6	1	3	7	5	9	8
9	3	2	4	6	8	7	5	1
8	1	4	7	5	2	3	6	9
6	5	7	3	9	1	8	4	2

32

8	4	1	2	9	7	5	6	3
5	9	6	3	1	4	2	8	7
7	2	3	5	6	8	4	1	9
9	3	7	8	2	1	6	4	5
2	6	8	4	5	3	7	9	1
4	1	5	6	7	9	8	3	2
6	8	2	1	3	5	9	7	4
3	7	4	9	8	2	1	5	6
1	5	9	7	4	6	3	2	8

33

9	1	4	8	7	6	3	5	2
5	8	3	9	1	2	4	7	6
6	2	7	5	4	3	8	1	9
1	3	9	2	8	5	6	4	7
2	4	5	7	6	1	9	8	3
7	6	8	4	3	9	5	2	1
4	7	2	3	9	8	1	6	5
8	9	6	1	5	7	2	3	4
3	5	1	6	2	4	7	9	8

34

3	2	1	7	5	8	9	6	4
5	8	9	2	6	4	3	7	1
4	6	7	1	9	3	8	5	2
6	3	5	8	2	1	7	4	9
7	1	2	5	4	9	6	3	8
8	9	4	3	7	6	1	2	5
2	5	3	9	8	7	4	1	6
1	4	8	6	3	2	5	9	7
9	7	6	4	1	5	2	8	3

35

1	5	2	8	6	9	4	7	3
9	8	4	3	7	5	2	1	6
7	6	3	4	2	1	9	5	8
4	1	7	9	3	6	5	8	2
5	3	6	1	8	2	7	4	9
2	9	8	5	4	7	6	3	1
8	4	5	6	9	3	1	2	7
3	7	9	2	1	4	8	6	5
6	2	1	7	5	8	3	9	4

36

5	4	1	8	3	6	2	7	9
9	2	7	1	4	5	3	8	6
8	6	3	9	7	2	4	5	1
1	5	4	7	2	3	6	9	8
7	3	9	6	8	1	5	2	4
6	8	2	5	9	4	7	1	3
3	9	8	2	6	7	1	4	5
2	1	6	4	5	8	9	3	7
4	7	5	3	1	9	8	6	2

37

1	3	2	9	6	4	7	5	8
7	6	8	2	3	5	1	9	4
5	9	4	8	1	7	6	3	2
3	8	9	1	4	6	5	2	7
2	7	6	3	5	9	4	8	1
4	1	5	7	8	2	3	6	9
9	5	1	4	2	3	8	7	6
8	2	3	6	7	1	9	4	5
6	4	7	5	9	8	2	1	3

38

3	1	8	4	5	9	7	6	2
7	2	5	1	8	6	3	9	4
6	4	9	7	2	3	1	8	5
4	7	1	5	9	2	8	3	6
9	3	6	8	4	1	5	2	7
8	5	2	3	6	7	4	1	9
5	9	3	6	7	8	2	4	1
2	8	7	9	1	4	6	5	3
1	6	4	2	3	5	9	7	8

39

7	8	3	1	4	5	2	6	9
5	9	2	3	6	7	4	1	8
6	4	1	9	2	8	7	5	3
4	3	8	6	5	2	1	9	7
2	5	7	4	9	1	3	8	6
9	1	6	8	7	3	5	4	2
3	2	9	5	1	6	8	7	4
1	7	4	2	8	9	6	3	5
8	6	5	7	3	4	9	2	1

40

6	3	4	7	1	8	9	2	5
1	7	8	2	9	5	4	6	3
9	2	5	6	3	4	1	7	8
5	6	2	1	8	7	3	4	9
8	9	1	4	6	3	7	5	2
7	4	3	9	5	2	6	8	1
2	1	6	8	4	9	5	3	7
4	5	7	3	2	1	8	9	6
3	8	9	5	7	6	2	1	4

41

1	5	6	9	8	2	7	4	3
2	9	4	5	7	3	8	6	1
7	8	3	1	4	6	5	9	2
8	3	5	7	1	9	4	2	6
9	7	2	3	6	4	1	8	5
4	6	1	8	2	5	9	3	7
5	4	9	2	3	1	6	7	8
3	1	8	6	9	7	2	5	4
6	2	7	4	5	8	3	1	9

42

7	5	8	9	3	6	2	1	4
4	3	9	1	7	2	8	5	6
6	1	2	8	5	4	7	3	9
1	7	6	2	8	5	9	4	3
8	2	4	3	6	9	5	7	1
3	9	5	7	4	1	6	8	2
5	4	7	6	2	3	1	9	8
9	6	3	5	1	8	4	2	7
2	8	1	4	9	7	3	6	5

43

8	2	3	7	1	4	6	9	5
6	9	5	3	8	2	1	7	4
1	4	7	9	6	5	8	2	3
9	5	1	6	3	8	7	4	2
7	6	8	2	4	9	5	3	1
4	3	2	5	7	1	9	8	6
5	1	9	4	2	7	3	6	8
3	7	4	8	5	6	2	1	9
2	8	6	1	9	3	4	5	7

44

4	1	3	9	5	6	8	2	7
6	7	5	8	2	4	1	9	3
2	9	8	1	3	7	6	4	5
7	4	6	2	8	1	3	5	9
5	2	9	4	6	3	7	8	1
3	8	1	5	7	9	2	6	4
9	6	2	7	1	5	4	3	8
1	3	4	6	9	8	5	7	2
8	5	7	3	4	2	9	1	6

45

6	1	5	3	7	9	8	4	2
7	9	3	8	4	2	6	1	5
4	2	8	6	1	5	3	7	9
9	7	6	4	5	3	1	2	8
5	8	1	7	2	6	9	3	4
2	3	4	1	9	8	7	5	6
3	4	9	2	6	1	5	8	7
8	6	2	5	3	7	4	9	1
1	5	7	9	8	4	2	6	3

46

1	6	4	3	2	8	7	9	5
9	2	8	6	7	5	4	1	3
7	5	3	9	1	4	2	8	6
4	1	7	2	8	6	3	5	9
8	3	5	1	4	9	6	7	2
2	9	6	5	3	7	8	4	1
6	7	1	8	9	2	5	3	4
3	4	2	7	5	1	9	6	8
5	8	9	4	6	3	1	2	7

47

8	6	5	1	3	9	7	4	2
3	1	7	2	8	4	9	6	5
9	2	4	7	5	6	8	3	1
5	9	8	4	7	3	2	1	6
2	4	6	5	9	1	3	7	8
7	3	1	8	6	2	5	9	4
4	5	9	6	2	7	1	8	3
1	8	3	9	4	5	6	2	7
6	7	2	3	1	8	4	5	9

48

4	5	1	2	9	6	8	3	7
8	2	3	5	7	1	6	9	4
9	6	7	8	4	3	1	5	2
5	1	4	7	6	9	2	8	3
6	3	2	4	1	8	5	7	9
7	8	9	3	5	2	4	1	6
2	4	8	9	3	5	7	6	1
1	9	5	6	2	7	3	4	8
3	7	6	1	8	4	9	2	5

49

3	6	7	8	9	5	1	2	4
8	9	2	7	1	4	6	3	5
4	5	1	2	3	6	7	9	8
7	1	6	4	8	2	9	5	3
9	4	5	1	6	3	8	7	2
2	3	8	9	5	7	4	1	6
5	2	4	6	7	1	3	8	9
6	7	9	3	2	8	5	4	1
1	8	3	5	4	9	2	6	7

50

2	4	5	9	8	1	3	7	6
9	3	6	5	2	7	1	8	4
7	1	8	4	6	3	2	5	9
8	5	7	3	4	2	9	6	1
4	9	1	8	5	6	7	2	3
6	2	3	1	7	9	8	4	5
3	8	2	6	9	5	4	1	7
1	6	4	7	3	8	5	9	2
5	7	9	2	1	4	6	3	8

51

9	2	6	5	7	8	1	3	4
3	8	5	1	4	9	7	2	6
4	7	1	6	3	2	9	5	8
2	1	7	8	6	3	4	9	5
6	4	8	9	5	7	3	1	2
5	3	9	2	1	4	6	8	7
1	5	3	7	8	6	2	4	9
8	6	2	4	9	1	5	7	3
7	9	4	3	2	5	8	6	1

52

2	6	5	7	9	1	8	4	3
8	9	7	4	6	3	5	2	1
1	3	4	8	2	5	7	9	6
9	1	6	3	5	8	2	7	4
4	8	2	9	7	6	3	1	5
7	5	3	2	1	4	6	8	9
6	4	8	1	3	7	9	5	2
5	7	9	6	4	2	1	3	8
3	2	1	5	8	9	4	6	7

53

3	7	1	4	2	9	8	6	5
6	4	9	3	8	5	2	7	1
8	5	2	7	1	6	3	4	9
5	6	3	9	7	2	1	8	4
9	2	7	1	4	8	5	3	6
1	8	4	6	5	3	9	2	7
2	1	5	8	6	4	7	9	3
4	9	8	5	3	7	6	1	2
7	3	6	2	9	1	4	5	8

54

4	2	5	3	1	7	8	6	9
8	7	9	6	5	2	1	3	4
1	3	6	8	4	9	5	2	7
3	8	7	5	6	1	9	4	2
2	5	1	9	7	4	6	8	3
6	9	4	2	3	8	7	5	1
7	1	3	4	8	5	2	9	6
5	6	2	1	9	3	4	7	8
9	4	8	7	2	6	3	1	5

55

1	8	7	4	3	6	9	2	5
4	3	2	9	8	5	7	6	1
9	6	5	2	7	1	4	8	3
8	5	6	3	2	4	1	7	9
7	2	4	6	1	9	5	3	8
3	1	9	8	5	7	6	4	2
2	9	1	7	6	3	8	5	4
6	4	8	5	9	2	3	1	7
5	7	3	1	4	8	2	9	6

56

8	9	5	7	4	1	3	6	2
3	7	2	5	8	6	9	1	4
1	6	4	3	9	2	5	7	8
4	2	7	6	3	9	8	5	1
6	5	3	8	1	7	4	2	9
9	8	1	2	5	4	7	3	6
7	3	6	9	2	8	1	4	5
5	1	8	4	6	3	2	9	7
2	4	9	1	7	5	6	8	3

57

1	8	7	3	5	2	6	9	4
4	3	9	6	1	7	8	2	5
5	2	6	8	4	9	3	1	7
7	1	8	9	2	3	4	5	6
2	5	4	1	7	6	9	3	8
6	9	3	5	8	4	2	7	1
9	7	5	2	6	8	1	4	3
8	4	2	7	3	1	5	6	9
3	6	1	4	9	5	7	8	2

58

2	7	1	5	6	4	8	9	3
8	9	4	3	1	7	6	5	2
3	6	5	9	8	2	7	4	1
7	2	9	8	4	5	3	1	6
1	4	3	7	9	6	2	8	5
6	5	8	2	3	1	4	7	9
5	3	7	4	2	9	1	6	8
4	8	6	1	5	3	9	2	7
9	1	2	6	7	8	5	3	4

59

8	6	5	7	3	4	9	2	1
4	9	1	8	5	2	6	3	7
3	2	7	1	9	6	8	5	4
9	1	4	6	7	5	3	8	2
5	3	8	4	2	1	7	9	6
6	7	2	3	8	9	4	1	5
2	5	6	9	4	8	1	7	3
1	8	3	2	6	7	5	4	9
7	4	9	5	1	3	2	6	8

60

9	7	4	8	5	2	1	6	3
5	6	2	4	1	3	7	9	8
1	3	8	9	7	6	2	5	4
7	1	6	3	4	9	8	2	5
2	4	5	7	6	8	3	1	9
3	8	9	5	2	1	6	4	7
8	5	1	2	9	7	4	3	6
4	2	7	6	3	5	9	8	1
6	9	3	1	8	4	5	7	2

61

1	4	7	9	5	6	8	2	3
2	6	3	8	7	1	5	4	9
8	9	5	3	4	2	6	1	7
5	7	2	1	8	3	9	6	4
6	1	8	4	2	9	7	3	5
9	3	4	5	6	7	1	8	2
7	8	9	2	1	4	3	5	6
3	2	1	6	9	5	4	7	8
4	5	6	7	3	8	2	9	1

62

5	9	6	2	3	7	4	1	8
7	4	1	6	5	8	9	2	3
2	8	3	4	9	1	6	5	7
4	1	7	8	2	3	5	6	9
8	2	5	9	6	4	3	7	1
3	6	9	1	7	5	2	8	4
6	3	2	7	8	9	1	4	5
9	7	4	5	1	2	8	3	6
1	5	8	3	4	6	7	9	2

63

1	7	6	2	5	8	9	3	4
8	2	3	4	7	9	1	5	6
5	9	4	6	3	1	2	8	7
3	6	5	1	8	4	7	2	9
7	8	1	5	9	2	4	6	3
2	4	9	7	6	3	8	1	5
4	3	8	9	1	5	6	7	2
6	5	2	8	4	7	3	9	1
9	1	7	3	2	6	5	4	8

64

6	7	4	3	2	5	9	8	1
8	2	3	4	1	9	5	6	7
1	5	9	8	7	6	3	2	4
9	6	2	7	3	1	8	4	5
3	4	7	9	5	8	6	1	2
5	8	1	6	4	2	7	9	3
7	3	6	2	9	4	1	5	8
4	9	5	1	8	3	2	7	6
2	1	8	5	6	7	4	3	9

65

1	3	6	7	8	4	2	9	5
7	8	9	3	2	5	6	4	1
4	2	5	6	1	9	3	8	7
8	1	3	4	9	7	5	2	6
5	9	4	2	6	3	7	1	8
6	7	2	8	5	1	4	3	9
3	6	7	9	4	8	1	5	2
9	4	1	5	7	2	8	6	3
2	5	8	1	3	6	9	7	4

66

4	7	3	6	8	2	5	9	1
8	6	5	1	9	7	3	2	4
2	1	9	4	5	3	6	7	8
9	3	4	5	1	8	2	6	7
6	2	8	9	7	4	1	3	5
7	5	1	3	2	6	8	4	9
5	4	2	8	3	9	7	1	6
1	9	7	2	6	5	4	8	3
3	8	6	7	4	1	9	5	2

67

5	9	6	2	1	7	3	4	8
4	8	1	6	5	3	2	9	7
2	7	3	9	8	4	6	5	1
7	1	4	8	2	6	5	3	9
9	3	8	1	4	5	7	2	6
6	5	2	3	7	9	8	1	4
1	6	7	4	3	2	9	8	5
8	2	9	5	6	1	4	7	3
3	4	5	7	9	8	1	6	2

68

9	1	8	5	4	6	7	3	2
6	3	4	2	7	1	9	5	8
5	2	7	9	3	8	6	1	4
7	8	1	4	2	9	3	6	5
2	5	9	6	1	3	4	8	7
4	6	3	7	8	5	2	9	1
3	7	5	8	9	4	1	2	6
8	9	2	1	6	7	5	4	3
1	4	6	3	5	2	8	7	9

69

6	2	9	1	8	5	7	4	3
7	3	5	4	2	6	9	8	1
4	8	1	3	9	7	6	5	2
3	7	8	6	4	2	5	1	9
1	6	4	8	5	9	3	2	7
9	5	2	7	1	3	4	6	8
8	1	3	9	6	4	2	7	5
5	4	7	2	3	1	8	9	6
2	9	6	5	7	8	1	3	4

70

6	5	1	2	9	7	8	3	4
2	9	7	8	3	4	5	1	6
3	4	8	6	5	1	9	2	7
9	6	4	1	7	3	2	5	8
7	1	3	5	2	8	4	6	9
5	8	2	4	6	9	1	7	3
4	7	6	9	1	5	3	8	2
8	2	5	3	4	6	7	9	1
1	3	9	7	8	2	6	4	5

71

6	9	7	5	3	4	8	1	2
8	4	3	2	1	7	6	5	9
5	2	1	8	6	9	4	3	7
3	7	5	6	2	8	1	9	4
4	6	8	1	9	3	2	7	5
9	1	2	4	7	5	3	8	6
1	5	9	3	4	2	7	6	8
2	8	6	7	5	1	9	4	3
7	3	4	9	8	6	5	2	1

72

9	4	5	3	8	2	7	1	6
1	7	8	9	4	6	3	5	2
6	3	2	5	7	1	9	8	4
7	6	1	2	5	9	4	3	8
8	2	3	7	6	4	5	9	1
4	5	9	1	3	8	6	2	7
3	8	6	4	2	5	1	7	9
2	1	7	6	9	3	8	4	5
5	9	4	8	1	7	2	6	3

73

4	7	3	1	8	9	6	5	2
1	2	9	6	4	5	8	7	3
8	6	5	2	3	7	9	4	1
9	4	2	5	1	6	7	3	8
3	1	8	7	2	4	5	6	9
6	5	7	8	9	3	2	1	4
2	8	6	4	7	1	3	9	5
7	3	4	9	5	8	1	2	6
5	9	1	3	6	2	4	8	7

74

7	5	4	2	3	8	1	9	6
3	6	8	5	1	9	4	7	2
2	1	9	6	7	4	5	3	8
4	3	1	7	5	6	8	2	9
9	8	2	3	4	1	7	6	5
5	7	6	9	8	2	3	1	4
8	2	3	4	6	7	9	5	1
6	4	7	1	9	5	2	8	3
1	9	5	8	2	3	6	4	7

75

8	1	3	7	4	5	2	9	6
5	4	7	6	9	2	3	8	1
6	9	2	1	8	3	4	5	7
2	8	1	5	6	4	9	7	3
7	3	9	2	1	8	6	4	5
4	6	5	9	3	7	1	2	8
9	2	8	3	5	1	7	6	4
1	7	4	8	2	6	5	3	9
3	5	6	4	7	9	8	1	2

76

7	5	8	6	3	2	1	9	4
6	2	4	9	7	1	3	8	5
3	1	9	5	8	4	6	2	7
1	6	7	3	4	9	2	5	8
5	9	3	8	2	6	7	4	1
8	4	2	1	5	7	9	6	3
9	8	1	7	6	5	4	3	2
2	7	5	4	9	3	8	1	6
4	3	6	2	1	8	5	7	9

77

8	4	5	9	7	6	3	2	1
1	7	2	4	5	3	8	9	6
6	3	9	2	1	8	7	4	5
2	5	1	8	6	4	9	7	3
3	9	7	5	2	1	6	8	4
4	8	6	3	9	7	1	5	2
5	2	8	1	3	9	4	6	7
9	6	3	7	4	5	2	1	8
7	1	4	6	8	2	5	3	9

78

5	3	9	6	4	1	7	2	8
7	6	8	2	9	5	1	4	3
1	4	2	3	7	8	9	6	5
3	8	4	5	2	7	6	1	9
2	1	6	8	3	9	5	7	4
9	5	7	4	1	6	3	8	2
8	7	3	1	5	4	2	9	6
6	9	5	7	8	2	4	3	1
4	2	1	9	6	3	8	5	7

79

2	9	8	6	7	5	1	4	3
1	4	7	3	2	9	6	8	5
6	5	3	1	8	4	9	7	2
4	3	9	7	1	8	5	2	6
7	2	6	4	5	3	8	1	9
5	8	1	9	6	2	7	3	4
9	6	4	8	3	1	2	5	7
8	7	2	5	4	6	3	9	1
3	1	5	2	9	7	4	6	8

80

1	6	9	8	4	5	3	7	2
8	2	4	3	7	1	9	6	5
3	7	5	6	9	2	8	4	1
9	4	8	5	1	6	2	3	7
7	1	6	4	2	3	5	8	9
2	5	3	9	8	7	6	1	4
5	8	2	7	3	4	1	9	6
4	3	1	2	6	9	7	5	8
6	9	7	1	5	8	4	2	3

81

6	2	4	1	3	7	9	5	8
7	8	3	9	4	5	1	6	2
9	5	1	6	8	2	4	3	7
8	6	2	5	1	3	7	4	9
4	3	9	7	6	8	5	2	1
5	1	7	4	2	9	3	8	6
1	7	6	8	5	4	2	9	3
3	4	8	2	9	1	6	7	5
2	9	5	3	7	6	8	1	4

82

6	2	8	5	9	3	1	4	7
5	7	9	8	1	4	2	6	3
4	3	1	2	6	7	8	9	5
1	9	3	6	8	2	7	5	4
7	6	5	3	4	1	9	8	2
8	4	2	7	5	9	3	1	6
9	5	7	1	2	6	4	3	8
2	8	4	9	3	5	6	7	1
3	1	6	4	7	8	5	2	9

83

5	6	4	2	8	9	7	1	3
9	7	1	5	6	3	4	8	2
3	2	8	1	4	7	5	6	9
1	4	9	3	5	6	8	2	7
7	5	3	9	2	8	1	4	6
2	8	6	4	7	1	3	9	5
6	3	7	8	9	4	2	5	1
4	1	2	6	3	5	9	7	8
8	9	5	7	1	2	6	3	4

84

7	1	8	5	3	9	4	2	6
3	2	6	4	7	1	9	5	8
9	4	5	8	2	6	1	7	3
8	6	4	2	1	7	3	9	5
1	7	3	9	8	5	6	4	2
5	9	2	3	6	4	7	8	1
4	8	9	6	5	3	2	1	7
2	3	7	1	9	8	5	6	4
6	5	1	7	4	2	8	3	9

85

4	3	2	1	8	5	9	6	7
7	1	9	2	3	6	4	5	8
6	5	8	9	7	4	3	2	1
1	7	6	4	5	9	2	8	3
8	9	5	3	2	7	1	4	6
2	4	3	8	6	1	5	7	9
3	6	1	7	4	2	8	9	5
9	2	7	5	1	8	6	3	4
5	8	4	6	9	3	7	1	2

86

2	3	6	8	7	1	9	4	5
7	5	9	6	4	3	2	1	8
1	8	4	5	2	9	3	6	7
9	6	5	2	1	8	4	7	3
8	1	3	4	9	7	5	2	6
4	7	2	3	6	5	8	9	1
6	9	8	7	3	4	1	5	2
3	4	7	1	5	2	6	8	9
5	2	1	9	8	6	7	3	4

87

3	9	5	7	2	1	4	8	6
2	8	4	5	6	9	1	7	3
1	6	7	8	3	4	5	2	9
5	2	9	3	1	7	8	6	4
8	1	3	2	4	6	7	9	5
4	7	6	9	5	8	3	1	2
6	3	1	4	8	2	9	5	7
9	5	8	6	7	3	2	4	1
7	4	2	1	9	5	6	3	8

88

4	7	1	2	8	6	3	9	5
3	9	8	5	1	7	2	4	6
2	5	6	4	3	9	8	7	1
8	1	9	6	7	5	4	2	3
5	2	3	1	4	8	7	6	9
6	4	7	9	2	3	5	1	8
1	3	5	7	9	4	6	8	2
7	8	2	3	6	1	9	5	4
9	6	4	8	5	2	1	3	7

89

7	8	9	1	5	3	4	6	2
2	3	4	6	8	7	5	1	9
5	1	6	9	2	4	7	8	3
4	2	1	7	3	8	9	5	6
9	5	7	2	1	6	8	3	4
8	6	3	4	9	5	1	2	7
3	9	2	5	7	1	6	4	8
6	7	5	8	4	2	3	9	1
1	4	8	3	6	9	2	7	5

90

5	4	8	1	2	9	6	3	7
7	2	1	3	6	5	8	4	9
9	3	6	8	7	4	2	1	5
3	5	9	6	8	1	7	2	4
6	8	4	2	9	7	1	5	3
2	1	7	4	5	3	9	8	6
1	9	2	5	4	6	3	7	8
8	7	5	9	3	2	4	6	1
4	6	3	7	1	8	5	9	2

91

7	3	9	4	6	5	2	8	1
2	8	5	1	7	3	4	6	9
4	1	6	8	9	2	7	5	3
5	4	1	2	8	6	9	3	7
8	7	2	5	3	9	1	4	6
6	9	3	7	4	1	8	2	5
9	5	4	3	2	7	6	1	8
1	2	7	6	5	8	3	9	4
3	6	8	9	1	4	5	7	2

92

2	5	9	4	6	3	8	1	7
3	1	7	9	8	2	5	4	6
4	6	8	1	5	7	9	2	3
9	3	5	2	1	6	4	7	8
6	7	2	8	3	4	1	9	5
8	4	1	5	7	9	3	6	2
1	9	3	6	2	5	7	8	4
5	2	4	7	9	8	6	3	1
7	8	6	3	4	1	2	5	9

93

4	1	5	9	7	8	3	2	6
7	2	3	6	1	4	8	9	5
6	9	8	5	3	2	4	7	1
2	8	6	1	4	9	7	5	3
5	3	7	2	8	6	9	1	4
9	4	1	3	5	7	2	6	8
3	6	9	8	2	1	5	4	7
1	5	4	7	9	3	6	8	2
8	7	2	4	6	5	1	3	9

94

5	6	7	2	4	8	3	1	9
2	4	1	7	9	3	8	6	5
9	8	3	6	1	5	4	2	7
6	9	4	8	3	2	7	5	1
7	1	8	9	5	6	2	3	4
3	5	2	1	7	4	6	9	8
1	2	9	3	8	7	5	4	6
4	7	6	5	2	1	9	8	3
8	3	5	4	6	9	1	7	2

95

8	7	5	3	1	4	2	6	9
6	3	1	9	8	2	4	7	5
9	4	2	5	7	6	8	3	1
7	8	3	6	5	1	9	4	2
5	2	4	8	3	9	7	1	6
1	6	9	2	4	7	5	8	3
2	1	7	4	9	3	6	5	8
4	9	8	1	6	5	3	2	7
3	5	6	7	2	8	1	9	4

96

2	4	1	6	8	9	3	7	5
6	7	9	3	4	5	8	2	1
5	3	8	7	1	2	6	4	9
3	2	4	5	7	8	1	9	6
1	6	5	2	9	3	7	8	4
9	8	7	1	6	4	2	5	3
7	5	3	4	2	6	9	1	8
4	9	2	8	3	1	5	6	7
8	1	6	9	5	7	4	3	2

97

6	9	8	7	5	1	4	3	2
2	7	1	4	8	3	6	9	5
3	4	5	6	9	2	1	8	7
8	6	4	3	2	7	5	1	9
5	2	7	8	1	9	3	6	4
1	3	9	5	6	4	7	2	8
4	8	2	1	7	6	9	5	3
7	5	6	9	3	8	2	4	1
9	1	3	2	4	5	8	7	6

98

2	4	3	6	7	8	5	1	9
1	6	5	9	3	4	7	2	8
7	9	8	5	1	2	4	3	6
9	5	1	7	4	6	3	8	2
6	8	4	2	9	3	1	7	5
3	7	2	1	8	5	6	9	4
5	2	7	3	6	9	8	4	1
8	3	9	4	5	1	2	6	7
4	1	6	8	2	7	9	5	3

99

3	9	6	4	2	1	7	8	5
5	2	7	8	3	9	1	6	4
4	1	8	7	5	6	9	2	3
8	3	4	5	6	7	2	1	9
7	6	2	1	9	3	5	4	8
9	5	1	2	8	4	3	7	6
1	4	3	6	7	5	8	9	2
2	7	9	3	4	8	6	5	1
6	8	5	9	1	2	4	3	7

100

1	3	2	8	6	7	4	9	5
9	6	4	5	1	2	7	3	8
8	5	7	4	3	9	2	1	6
4	8	1	7	9	3	5	6	2
3	7	6	2	5	1	8	4	9
2	9	5	6	4	8	1	7	3
5	1	3	9	2	4	6	8	7
6	4	8	3	7	5	9	2	1
7	2	9	1	8	6	3	5	4